a
nova
utopia

RÉGIS BONVICINO

a
nova
utopia

Copyright © 2022 by Régis Bonvicino

Grafia conforme o Acordo Ortográfico da Língua Portuguesa

CAPA e PROJETO GRÁFICO
Renato Potenza Rodrigues

Dados Internacionais de Catalogação na Publicação (CIP)
(Câmara Brasileira do Livro, SP, Brasil)

    Bonvicino, Régis
        A nova utopia / Régis Bonvicino. — 1ª ed. —
São Paulo: Quatro Cantos, 2022.

    ISBN 978-65-88672-20-4

    1. Poesia brasileira. I. Título.

22-117890   CDD-B869.1

Índice para catálogo sistemático:
1. Poesia : Literatura brasileira   B869.1

Aline Graziele Benitez — Bibliotecária — CRB-1/3129

Todos os direitos desta edição reservados em nome de:
RODRIGUES & RODRIGUES EDITORA LTDA. — EPP
Rua Irmã Pia, 422 — Cj. 102
05335-050
São Paulo — SP
Tel (11) 2679-3157
WhatsApp (11) 3763-5174
www.editoraquatrocantos.com.br
contato@editoraquatrocantos.com.br

Para Bruna Menconi Bonvicino,
in memoriam

Nota

A cientista e tradutora Isadora Olivé me revelou, em 2019, a existência de um conto do escritor inglês Jerome Klapka Jerome (1859--1927) intitulado "The New Utopia" (1891): http://dagobah.com.br/a-nova-utopia/. A essa altura, sem saber da existência do referido conto curto, eu já havia utilizado a expressão para intitular este livro, bem como um poema longo que iniciei em 2014, e a exposição que fiz em OI FUTURO IPANEMA (31 de julho de 2016 a 25 de setembro de 2016 (cf: http://sibila.com.br/poemas/a-nova-utopia/12688). O libreto do projeto *Deus devolve o revólver* (áudios e libreto: https://open.spotify.com/album/0esP517wgYMTfIgH302Ux3) já anunciava, para breve, a publicação do volume *A nova utopia*. Registro que alguns dos poemas aqui reunidos foram publicados na *Folha de S.Paulo*, dentre os quais destaco "Sonoridades" (01/01/2017), e também no *Hoje Macau* (20/06/2020). Agradeço aos editores dos jornais.

Arte

É o relevo das luzes de uma torre
no dia seguinte

é o mendigo que, mão aberta, não pede esmola

é um MSF — menino sem futuro —
amarrado no obelisco
depois de roubar um mendigo

é um faquir com fobia de pregos

é a antena da mosca furando o pneu de
um Simca Chambord, vermelho,
num velho anúncio realista

é uma poltrona *bubble chair* sobre a faixa amarela
da estrada

é um cartaz vintage da atriz Hedy Lamarr em *Êxtase*

é um fantoche da Guerra Fria com um *tumbleweed* alojado
na cabeça

é um soldado da ajuda humanitária
muçulmanas más sem niqabs

é um imigrante boliviano demolindo
a marretadas
as vigas de um edifício

é também um sociólogo de binóculo, num navio,
disfarçando a cegueira

é um relógio sobre uma lápide

um escravo
orelha roxa, passos lentos
foge da fazenda Bom Retiro

é o conflito econômico progressista,
foie gras de pato selvagem

é um colchão com lençol largado na calçada

é um menino negro que passa, apressado,
pela calçada da porta da igreja do Pari,
camiseta regata do Spurs,
de repente se lembra faz o sinal da cruz

é um enfestador fuzilado por um garoto
num ponto de ônibus à tarde

é um rolo de fio elétrico amarrado ao pé de um poste

um casal se pega, de dia, sob o luminoso STAR India
desligado

é um camelo pronunciando palavras assassinas

é um cara algemado, disparando contra a própria cabeça

é um artista se entregando à polícia

Luz

Sucateiro rastafári
sentado na mureta, cabeça baixa
sob as palmeiras do largo
pés na mochila, garrafas PET

player do ecossistema global
um rato entra no bueiro.
O relógio da Luz
sob um sol de rachar

daqui é apenas uma torre
o vapor sobe do asfalto.
Cicatriz na cara da puta
pista dupla, atravessa a avenida

short verde, blusa regata
cabelo curto, o michê esfria
os muros exalam um cheiro de urina.
A noite abate o dia

um cachorro fareja, tranquilo,
a calçada limpa,
outro, órfão de um noia,
uiva na esquina.

Tríptico da rua Oriente

Blusa azul, saia bege, longa,
quase iguais às da vitrine da loja
sentada do lado de fora
o sol
tapa o rosto com uma das mãos
sacolas se batendo na porta
braço estendido
moedas na palma da mão

Dois manequins exibindo vestidos
um pantera, acima dos joelhos,
o outro, estampa de onça, longo
a mendiga negra se inclina
seios à mostra
mechas de cabelo branco
garrafa vazia de água no desnível
estica a nota com as mãos

Um terceiro manequim
laço dourado na cintura
vestido curto laranja, tom sobre tom,
marcas de piche no chão
rugas no rosto
lenço branco na cabeça, cabeça baixa,
desarmada,
ergue, atônita, as mãos

Cartão-postal

Um albatroz desgarrado voa no céu sem nuvens
Pilhas de contêineres
vermelhos, verdes
um cargueiro passa

Cactos se entrelaçam com as grades na calçada
Entre as grades e a praia
declive
albatrozes espeitam nos rochedos

a cabeça sem dorso talvez de merluza-negra
gaivotas assaltam a água
ondas, grunhidos, barbatanas, algas
rochas, um bando de lobos-marinhos

arranca ostras das frestas
um ferrão se projeta
peixes se despregam do cascalho
o vento alastra um fedor de fezes

Lenda

Azteca, formiga pardacenta,
cara de caveira,
fede: dispara um líquido
para proteger a castanheira

dos pulgões, das moscas-brancas
das cigarras, dos piolhos-de-planta
dos macacos, dos bicos das jandaias
da pata brusca do canário

para garantir gotículas de néctar
das arrancas, dos gravetos
dos excrementos açucarados das larvas
dos ouriços: frutos da castanha

ninho aéreo, carreiras, ferrões
entre os galhos
uma arara pousa
orquídeas de folhas rajadas

verão
o canto narcótico do fogo-apagou
garras do acauã arranham o tronco
Aztecas, de pronto, cospem de novo.

A nova utopia (1)

A nova utopia é uma borboleta negra, desatenta, com olhos exuberantes. A nova utopia é a favor da proteção implacável dos animais. A nova utopia é inclusiva, participativa. A nova utopia é o coro afinado dos descontentes. É um ex-guerrilheiro, de porte avantajado, homem forte do governo. A nova utopia tem informações privilegiadas, disponíveis. É um ex-leproso. A nova utopia rechaça a figura de Nossa Senhora se masturbando. A nova utopia defende os direitos das trabalhadoras do sexo. A nova utopia comunga, com moderação, ideais materialistas. A nova utopia morre de pé. É, ao mesmo tempo, um duty free e um detox financeiro. A nova utopia é nosso dever como cidadãos. A nova utopia exalta a sustentabilidade das empresas. A nova utopia sabe que se pode ser árabe e muçulmano, árabe e não muçulmano, muçulmano sem ser árabe. Negro sem ser branco, branco sem ser negro. A nova utopia é a liberdade de expressão do *Le Monde*, reassegurada desde sempre. A nova utopia é um ajuste de contas contra o obscurantismo dos outros. A nova utopia rejeita factoides politicamente úteis. A nova utopia é um pouco xiita, apenas quando estritamente inevitável. É um turista americano visitando o Museu Abu Ghraib. A nova utopia tem logo e slogan. Condena chacinas na periferia. A nova utopia emite notas de repúdio, lança abaixo-assinados; defende o grafite; a nova utopia prega a bicicleta. A nova utopia é o respeito incondicional ao nanismo. Condena corruptos. É um ex-ladrão.

Tem seu próprio dicionário. Pensa antes de agir. Repele palavras e pede ação. A nova utopia é um ex-coxo. É a asa aberta do voo. É um showroom de exuberâncias naturais. É um céu com nuvens negras, sob controle. É uma estante de livros num banheiro. É a viúva de Jorge Luis Borges detalhando seu processo de criação. A nova utopia é um ex-macumbeiro, um ex-bêbado, é um ex-exu sujo. É um branco de alma preta. A nova utopia é ainda o indígena de tocheiro, fazendo política, diariamente, nas redes sociais. A nova utopia é uma ex-esteticista de unhas postiças. É um espião trans pegando sol num roteador. É um ex-selvagem. É uma ex-vadia. É um ex-puto. É uma entendida. É um ex-pária. É uma míriade de franquias de poetas premiados. É um poema à altura de seu tempo.

Ficção

Pendurada de cabeça para baixo
via ao contrário a coluna em estilo coríntio
da antiga estação de trem
o poder político dos estoques

as sacas de café, Bolsa de Nova York,
camionetes queimadas
um som adocicava o Largo
talvez fosse o de uma nova canção dos Beatles

"Metralhado e morto outro facínora"
você com essa cara de filha de Maria
uma paulada na coluna
quebra as vértebras dessa puta

boca fechada, o aparelho intacto
flashback íntimo
o apontamento entre as páginas de um livro
o porta-malas do camburão

as manchetes nas bancas
"O PIB vai a dez por cento",
"Prisioneiros viajam hoje", alívio
baratas na vagina

corte, tesoura, um talho no sutiã
tesoura roçando os seios
pode pisar neles
barata devidamente arquivada no cu

o capuz, cabeça enfiada na água suja
os gritos sem porrada
ramos de café perfilam o capitel
portas maciças da altura do edifício Itália

as teclas da pianola
em outro andar, mãos algemadas
nu na cadeira do dragão
o corpo do cara ficou odara

Retrato

Uma carroça cruza a pista
carregada de garrafas, caixas, cabos, um motor
Sábado à tarde, fim de verão,
lojas fechadas

o sol bate nos letreiros
cachorros disputam um saco de lixo
ônibus passam, meio vazios
um motorista para no ponto de táxi

vestidos de núpcias, vitrines,
Miss Luxúria
gambiarras nos postes
fios atravessam a copa de uma goiabeira

na esquina da rua Oriente
com a rua Casemiro de Abreu
nuvens,
o mormaço, atrás das folhas, se atenua

uma única flor,
pétalas brancas, estames amarelos,
abrupta
uma letra pende

do alto da porta de uma loja
um mendigo dorme
cabeça largada na mureta do canteiro
goiabas apodrecem em autópsia mútua

Notícia da Síria

Um palestino da cidade de Aka
refugiado no campo de Yarmouk
em Damasco, Síria
de novo um bloqueio total de víveres

As chacinas de Bashar al-Assad
a morte fora do combate
a morte como arte
bombardeios, edifícios destruídos

um tanque, sem esteiras, como abrigo
garotos comendo grama
cruzes cravadas na boca das meninas
uma boneca entre os escombros

um míssil Tomahawk
passa perto das nuvens,
sem água, sem luz
o cara come o que acha no lixo —

Deixou Yarmouk, via Trípoli,
clandestino num cargueiro
os disparos, os saques, as máfias de Assad
Trabalha num açougue e lanchonete halal

cozinheiro, garçom, faz-tudo
em troca de cama e comida,
arranha umas palavras em português
ao meio-dia se volta para Meca —

os lojistas, o shopping
a praça, as torres da igreja
A Liga Islâmica onde reza
Barão de Ladário no limite entre o Brás e o Pari

E aqui de novo os fuzis
camelôs mortos ontem à noite na esquina
Calado, um garoto negro atravessa a rua
carregando um manequim

Suicídio

Leais ao regime,
seus avós apoiaram Deng Xiaoping
os tanques da Praça da Paz Celestial
as balas dos fuzis

Caiu, no entanto, por extorsão
jogo clandestino,
seu pai apelou aos amigos do Partido –
se escondeu na cidade futurista

de San Zhi, Taiwan, numa cápsula-casa:
uma flor de plástico num vaso
antes de partir
Aqui morou debaixo de viaduto

deu a cara a porrada
pegou sucata, as ruas fediam
ilegal, sobreviveu à polícia,
se tornou bilíngue

subiu: comprava e vendia tecidos
cigarros do Paraguai,
chegou a ter ações na Bolsa
lojas de sapatos, carro importado

ia à missa aos domingos
na Paróquia Sagrada Família
rezava o pai-nosso em mandarim —
prateleiras de repente sem fregueses

deixou de pagar as taxas,
quis traficar happy water e meninas
A Tríade lhe urdiu depressa um suicídio,
três dias de jejum, cadeira, fio de náilon

direito a um único bilhete
à mulher e aos filhos
"quem só pensa nas rosas,
se esfola nos espinhos"

Quase na esquina

Sete andares
janelas abertas, pastilhas sujas
ônibus
o diesel queima
depois sobe
mendigos dormem
na calçada em frente
ignoram a música dos CDs e dos rádios dos carros
quando chove
se mudam para a marquise do prédio ao lado
de vez em quando
o caminhão da prefeitura passa
sequestra seus bens
fogão de uma boca, garrafa de água
almofadas, colchões velhos
um deles se levanta
varre a calçada
um pássaro pousa na ponta da grade
flor amarela, pau-ferro
um canteiro inexpressivo de azaleias

Trânsito

Tarde de fevereiro,
entre dois postes,
há dias o resedá estava carregado de flores
árvore-de-júpiter:

resiste à fumaça, à falta de chuva, a tudo.
Uma aranha puxa a linha
de baixo para cima
da coluna de concreto à fiação antiga.

Nuvens baixas sobre a rua
Um besouro cai do tronco rústico
em zoom
uma só corola, dentro da copa

meia dúzia
de pétalas pequenas, crespas, brancas
se alinha, súbito,
ao céu de novo azul

Mendigos

Mendiga, sôfrega, estica a mão
Carriera dòu fourn escur
um níquel
Na *Plassa centrala*, outra,

sem dentes, mastiga a brisa
no degrau da loja
recibos de cartões de débito e crédito
jogados no chão

o refugiado agarra
centavos
um menino à beira-mar
rua como *istria, vas de flou*

*

No Boulevard
pés virados para dentro
o mendigo se arrasta
corcunda, calvo

copo de plástico
trêmulo
bengala à frente
folhas de plátano

mendigo,
súbito, ágil,
faz check-in na rua
ao longe soa a "Ave Maria" de Schubert

aqui não se vasculha lata de lixo
não se puxa carroça
saco de croquetes *au beef*
um manco aguarda o sinal,

esquina, outro Boulevard,
mendigo, olhar sério
quase meia-noite
sob um logo austero

Societé Generale
de cócoras, copo a postos
um ônibus passa
Equipez-vous Ici

o anúncio aclara o dia
aqui, mais um mendigo, higiênico,
sem cachaça ou pedra na cabeça
cartazete em punho

"tenho fome, por favor, me ajude, merci",
sem cheiro de urina
um jardim público
aroma de papoulas, tulipas, prímulas

Rua obscura

Um trovador sem ter o que dizer
canta para si mesmo
Aqui há uma fonte seca
a bela estrela é negra

o peixe morre pela boca
Aqui na Idade Média
corcundas se entranhavam em barrigas
Antes soldados romanos

esfaqueavam refugiados iemenitas
Aqui se acreditava apenas em Satanás
pó sobre um buquê de rosas de plástico
Aqui um estelionatário lavrou

o testamento de Orfeu
mudou a cor do céu
Aqui soldados franceses
faziam *blow job* em carabinas,

A luz quase inútil dos lustres de vidro,
nazis caçavam mulheres agora nuas
— o som vazio das palavras —
vato louco: *vai t'en cagar a la vinha*

Uma fonte

Prédios: nenhuma janela aberta
luzes, lojas, quinquilharias,
réplicas de tritões, de anjos.
Cartão-postal: Anita Ekberg

agarra Marcello Mastroianni
sob o falo de um leão.
Tosse, tosse, ânimo:
um gladiador distrai crianças

Moedas jogadas nas águas da fonte
ao pé da mureta, canto escuro
um rato manipula com destreza o alumínio
destrincha o resto de sanduíche

separa o papel do presunto
a casca seca do glúten
enfia as patas na boca,
gritos de pânico, ratos atacam o lixo

atacam os sapatos dos turistas
fora todos,
filhos da puta, filhos da puta
sob o olhar marmóreo de Netuno

Tela

Noite, base externa da vitrine
Imóvel, sob a marquise estreita,
cabeça sobre a mochila,
colchão, lençol e cobertor

rosto enfiado num gorro
de costas para a rua
Talvez ele esteja sem emprego, sem casa
talvez ele seja apenas mais um vagabundo

lixo vivo
talvez agora faça o papel
de um adido ilegal das esquinas
ou de um *venditore ambulante*

vu cumpra, vuoi comprare?
talvez ele tenha se picado de heroína gold
A loja está fechada sem luz interior
dentro, uma cadeira da série

Baudelaire Transparent Clear Design
de policarbonato
translúcida
à prova de água, à prova de fogo

em caso de incêndio
não alastra as chamas
se autoextingue
sem deixar cinzas ou lixo

entre a cadeira e a vitrine
tela de uma tevê
— chuviscos e o aviso —
"nenhum sinal de vídeo".

Tradução

Para Pier Paolo Pasolini

Eu sou uma força do Passado
Somente na tradição está o meu amor
Venho das ruínas, das igrejas
dos retábulos, das aldeias
abandonadas dos Apeninos ou Pré-Alpes
onde habitavam os irmãos
Vago pela Tuscolana como um louco,
pela Ápia como um cão sem dono.
Vejo os crepúsculos, as manhãs
de Roma, da Ciociaria, do mundo,
como os primeiros atos da Pós-História,
que testemunho, por conta da idade,
da borda extrema de qualquer época
sepulta. As vísceras de uma mulher morta
pariram um ser Monstruoso.
E eu, feto adulto, vagueio
mais moderno que todos os demais
a procurar irmãos, que não existem mais

Mare Nostrum

O vento atira fuzis na cara
Valões confiscam estátuas gregas
Vikings esfolam alaúdes e violas
Óbulo de Caronte, junk bonds

Cânticos, iates deslizam pela orla
Je ne demande pas la lune
O intrépido vai às estrelas
Somalis se atropelam em botes

Pássaros disparam das rochas
Ondas, o mexilhão se lixa
Barcos viram
na costa da Líbia

O mar traga eritreus e senegaleses
À boca da barra se perde o navio
O mercenário degola um infiel
Traficantes curram burcas

Passadores aliados
O primeiro-ministro afunda
A maré carrega
Marrecos boiam entre as iscas

Sermão

Uma *joint-venture* de sem-tetos, pele e osso, com medo da
                                [polícia, aglomerada
no centro histórico de São Luís, mais de meia-noite, um dos
                                    [mendigos, bêbado, diz

palavras ao vento
botaram Ford Landau no convento
padre não prega mais de costas —
contra — como Vieira, mas de joelhos

me ouçam logo de novo os peixes
tambor também não põe a mesa
galinha morta é veneno
o boi-bumbá só tem cordeiro

para que serve tanto azulejo?
botaram mais um ladro no governo
urubu bica pedregulho
mato nasce em telhado

o duque pega tudo
é bem mais de dez por cento
lenda é passatempo
ganja é coisa de regueiro

o mendigo há de subir
com o crack na cabeça
moeda aqui cai somente no bueiro
escadaria é monumento

miséria aqui é matinê
é bom guardar segredo
cavalo
não defeca mais dinheiro

Outro tempo espanhol

Billy, *el niño*, girava a arma com o dedo no gatilho, ao pé do altar, basílica desencavada da rocha, onde se rezava a missa. Valle de los Caídos, anarquista se ajoelha sobre os grãos de arroz, sal grosso — guizos ao pé do ouvido. Não estava em *Las meninas* mas nas chicas roubadas dos presídios. Não estava em museus, ou mesmo em *Guernica*, mas no abate, nos estupros coletivos. Sem cheiro defunto, não estava nas pinturas de um sepulcro, não estava no deserto ou no Oriente, mas na vala comum. No maçarico: atear fogo no corpo lentamente. Estava no *cutre*, quando também lhe queimavam as unhas. Os meninos jogavam bola entre bombas perdidas. O boticário conspirava na botica e era fuzilado em seguida. Estava nos decotes, peitos amputados, das atrizes nos anúncios de filmes. Estava no interdito às línguas. No desterro — à vista. Falar do toureiro "que mata o touro dançando" é repetir a dicção do caudilho, é falar ao gosto do freguês, como se aquele faminto, visto do táxi amarelo a caminho do Parque Güell, fosse outro ponto turístico. É dizer nos rodapés: Santiago de Compostela, o "choque oval do Pórtico de la Gloria" e não falar de: se queres saber, favor, mercê, do meu paradeiro, campo de concentração, fábrica de Lavacolla, a primeira coisa que se vê é uma barra de ferro e uma cova e um *porrón* para beber. Ao pé do altar da basílica, Billy, *el niño*, girava a arma com o dedo no gatilho.

Frontispício

Um mendigo dorme na calçada
nariz enfiado na mureta
a pichação "inveja de Lúcifer"
como legenda
mureta sem reboco do Largo
palmeiras
um traficante passa
camisa polo, mochila nas costas,
uma garota aflita levanta o braço,
céu claro, manhã de verão
olheiras, uma garrafa de cerveja,
a travesti volta para a sua quitinete
um tiê-preto pousa na sombra
cupins infestam a única pérgula,
os soluços graves
os longos trinos dos violinos suaves
ecos da noite na Sala de Concerto
Villa-Lobos, Tchaikovsky, Verdi?

*

Saias, blusas, vestidos, black jeans
vitrines, liquidações
todo tipo de roupa feminina
seguranças, terno e gravata,

revólver no coldre do ombro,
cartazetes nos postes: búzios, tarô
avisos de empregos temporários:
balconista, auxiliar de limpeza
costura em geral
vaga para piloteira
peça-chave para a nova coleção
Outra loja: *Dolce Vita* — por que não?

Áudio

O sol da manhã bate em sua cara
deitada no chão
rente à mureta do parque
fios de cabelo branco escapam da tiara

cabeça sobre a bolsa
em frente à torre do relógio da estação
hibiscos vermelhos:
renques ao longo das grades

mão sobre o rosto
talvez ela tenha chegado no último trem da noite
talvez ela não esteja dormindo
talvez ela esteja sem clientes

vestido longo cinza
sapatos baixos, pele seca dos pés
talvez ela esteja a caminho do emprego
talvez ela vá pegar o metrô

a polícia aqui não mata todos os dias
ao fundo palmeiras em linha
mendigo negro, cabeça baixa,
de novo, sentado na guia

um ambulante vende água
talvez ela tenha escrito os versos:
"desatenta, fui castigada,
passei a vida ao largo".

talvez ela tenha feito algum dinheiro
talvez ela seja figurante de um filme
talvez ela seja um cartaz perdido
a luz, rasante, incide sobre as rugas de seu rosto

a mandíbula de uma arara
um gavião pousa no topo de um cedro
mais alto que os prédios
talvez ela seja um acará ou uma carpa

espelhos d'água
uma andorinha, fosforescente, sobrevoa a grade
talvez ela não seja mais que um efeito de arte
talvez ela não passe de um close-up

Verão

Cabelos brancos
calçada estreita
mastiga a gola da blusa
pernas — enfiadas num saco —
quase alcançam a rua
pétalas, um besouro, caem
sobre os para-brisas
árvores vergam no barranco
pneus rodam sobre as poças d'água
debaixo do viaduto
perto do resedá
apenas espera a chuva passar

Museu da língua

Guilhotina emperrada sem borboleta
janela aberta
prédio, lixo ao pé da palmeira
Motor engasgado do ônibus
Banco do ponto de táxi
mochila nas costas
queixo apoiado na mão
talvez ela tenha escrito os versos
  "Segue o teu destino,
ama as tuas rosas, rega as tuas plantas,
o resto é a sombra
de árvores alheias"
pichados no tapume.
Um hidrante sem válvula
carrinho velho de hot dog à venda
o bispo sem dízimo
a alta do dólar fecha as portas
rolos de arame farpado
o templo se mudou
para a rua do Bom Prato.
Mercado às moscas
tranquilo, agora, para um serviço
o cara atravessa na faixa.
Um negro, cheio de rótulas,
anda de muletas,

pede a mesma esmola duas vezes
o som da turbina do avião
ecoa nas vitrines
Mochila nas costas,
ela parte para a avenida
queima de estoque nas lojas
trincas, paredes sem reboco
o chaveiro sobrevive
faz de tudo um pouco

Tarde

Junto ao muro arbustos, cactos
um deles, pontiagudo, alto,
avança na calçada
um grupo de nuvens cinza pesa
no ombro de uma mendiga negra que passa
poste, fios, janela, uma gambiarra
um carro pifado na guia
a um passo da avenida
parede de cubos de vidro
edifício, canteiro de espinhos,
dorme
estirado a uma certa distância da entrada
cabeça sobre a garrafa vazia de água
o sol de inverno bate direto em sua cara
roupas do corpo,
sem sapatos,
não tem mais nada, não tem spleen
só tem porrada

A nova utopia (2)

É um discurso estritamente atrelado à realidade
É um inferno fiscal
É uma empresa real
É o lado útil da palavra

É uma brancaiada tola
É a nota mínima
É o aplicativo Equitable
É um café da manhã sem lactose

É a cerveja sem álcool e o cigarro eletrônico
É uma prece, e não a Ave Maria, sussurrada
num beco de uma favela
É um sinônimo de vândalo

É o alarme contra
o impacto ambiental de um passeio de barco
É um protesto contra aulas de inglês
É uma tr@b@lh@dor@ em transição de empregos

É um supervilão asfixiando apenas machos
É um chá com escritores do website e do jornal
É um pet sem sobrepeso
É a queda programada da taxa de juros

É um ladrão de galinhas
É um desvio de verbas públicas
É a vítima de um assalto
se desculpando com o assaltante

É a redenção ecológica do joio
É um approach jurídico para o diabo
É um cego paraolímpico
É um antiverso altamente subversivo

É um alvo potencial do terrorismo linguístico
É um drácula hardcore doando sangue
É o direito à segunda via garantido
É um morador de rua revirando uma lata de lixo seletivo

É o produto da venda legal de armas
Violinos afinam a brisa fétida
É uma lavagem de palavras
É uma filha convicta da pátria

A call to kill

É um realismo verbal
é um alarme *sine die*
é um sensor de impacto
é uma réplica de um rifle de assalto

é violência involuntária
sem nenhum cansaço
é uma inteligência desconhecida
é Ramadã sem oração

são palavras à deriva
é o *a call to kill* da internet
talvez seja só um tira de esquina
são as bestas de Deus

mas o que é Deus? É Deus.
Deus agora explode
talvez seja só um psicopata
se exibindo para as massas

é o duplo rosto da barbárie
é a ordem social do submundo
é o antigo futuro
é um soldado sem comitê central

é a ingerência sem contato
é um soldado alistado por si mesmo
é um cara disputando carniça com os urubus
que baixam dos jequitibás nos lixões

é a reivindicação de um atentado alheio
é Guy Debord a bordo de um terno Prada
é o estado laico à prova de balas
é um blá-blá-blá com mortes

é um show gratuito
é a caça aos democratas
é uma puta com burca
é uma crisálida decorativa num fuzil

é o clichê do poema além da página
decassílabo falso
é como se um disparo seco
abafasse o som de meus sapatos.

De passagem

Dorme deitado no banco da praça
sob a noite fria
as folhas da figueira caem
sobre sua camisa

cabeça
sobre um saco de garrafas PET
saco de latas ao pé
uma garrafa de vodca no chão

a lâmpada quebrada do poste
cacos de vidro na guia
dorme à vontade, sem cortinas
um cão desaparece na neblina

Lo pan dur fa l'ostal segur

Domingo, entre duas lojas,
um vão
ao fundo um desnível para cima
faz as vezes de cama

gorro enfiado na cara
paredes brancas
sem qualquer risco
um cachorro guarda a entrada

rastro de urina
outro, coleira presa no pneu,
toma conta do carrinho
saco de latas de alumínio

caixas de papelão, uma porta inteira
cestas de plástico desgastadas
cartuchos vazios de impressoras
cúpula de cobre de um abajur

para a venda, amanhã, no ferro velho da esquina
dorme
o vento bate no manacá florido
uma pomba arrulha na marquise de um prédio

"vende-se", "aluga-se"
dorme, ao fundo, de costas para a rua
um Fiat passa
paredes duras, a casa segura

A luz ofusca o verbo

Rua meio vazia
atira pedras no tapume da esquina
dedilha fios de arame
conta os dedos várias vezes

arranha a testa com as unhas
mastiga açucenas
corre atrás de coisas vãs
como a flor do ipê, que caiu

diz para si mesmo
com a língua enrolada
lo pan dur fa l'ostal segur
não sabe onde vai dormir

e não sabe o que quis dizer.
Ouve uns disparos, puxa o cachimbo
lagarto sobre folha nova:
nuvem roxa, sol verde

tiros decepam cabeças de gesso
dá de ombros
o vento arranca lírios da jardineira
Queria descarregar tudo num poema

dizer que o diabo também pagou
o preço do desespero
talvez tenha escrito versos
não se lembra direito

se abriga sob a marquise de alumínio
o anu ataca o arame do muro
o sol se olha num espelho de nuvens
relâmpagos, a chuva cai, abrupta.

Imagens

No canteiro da avenida
uma barraca de náilon,
Sacos de plástico voam entre os carros
um graveto bate num para-brisa
a chuva espalha lixo pelas pistas
uma rajada de vento desaba o ipê
um raio estoura o motor do ônibus
uma antena despenca
o tranco destrói o meio-fio
a enxurrada arrasta um cachorro morto
pássaros, céu agora limpo
a barraca de pé
como a garota, entre os detritos

Sonoridades

Bertran de Born, o trovador bélico, Bertran de Born, de nada adiantou Dante decepar sua cabeça, a ficção do inferno, fogos de artifício, Al Bertran de Born, Al Bertran Bouhel, agora Mohamed de Born: zigue-zague pela pista, *ab guerra m'acort, qu'eu no tenc ni crei, neguna autra lei — neguna autra lei*: qualquer coisa, ele paga em ketje, as grades dos prédios, as vidraças das varandas, palmeiras alinhadas dos jardins, o edifício La Vigie, o luminoso do Le Méridien, entre a calçada e a pista, carcaças de scooters, bicicletas atiradas ao mar, onde um cardume abocanha um fêmur, luzes das janelas, espuma da página, onde a onda não bate na rocha, Bertran Bouhel, o negresco, em zigue-zague, um turista faz um último selfie no cemitério, cadáveres encalham no cascalho da praia — de tarde um mendigo mordia nuvens ao lado do cassino, de tarde na praça a cúpula de uma igreja, *bels aguza els esmol* — neon, vaza Coca-Cola pelo ouvido de um marroquino, toldos vermelhos, cadeiras nas varandas, pela pista em zigue-zague, cus agora arregalados na rua, acelera, disparos, disparos, um braço, cabeças arrancadas boiam no mar, as marcas dos pneus do caminhão na pista, mas o *big mouth*, ele paga em ketje, cai o outdoor do anúncio da "Desperados flare", o sabor do malte, labaredas nos postes, sapatos espalhados pelo asfalto, Bertran de Born, o veterano, galinhas no banheiro, *pustela en son olh e cranc*, pústulas detonam as guerras, granada no bolso, ele paga em ketje, shopping bag,

Hasna cosmetic, halal — pouco tempo depois, lâmpadas na colina, intermitentes, luzes na orla, tipo led, lâmpadas na colina velam todos os mortos que a cidade cala scrééch, ié, bang, boomp, beep, praaa, allahu, bow, bbrrzz, raqqua, assuk, zakat, ratatá, bash, um pássaro migra de tédio, Papiols, jogral vil, vá cantar esta merda em outro lugar

À deux pas, tout est là

Em frente um prédio art déco
janelas abertas, o lustre da sala
outono, começo da noite
um ônibus passa
ao atravessar a avenida na faixa
turistas pisam nas folhas secas do plátano
sépia
o letreiro de ferro preto e branco do Hôtel Mars
preso numa varanda baixa
na mesma calçada
um velho, blazer verde, xadrez,
enfia a mão na lata
ao lado do mercado
sacos sem sobras de alface ou tomate
garrafas vazias de suco
tosse
o luminoso vermelho do Franprix
pouco depois,
um brilho
um cara ataca com uma faca a mesma lata
golpeia os sacos, as caixas
loja agora fechada
barbantes e restos de plástico
entre as mãos
uma pomba retraída no alpendre

o lustre da porta de entrada do prédio
talvez outro Genet et Michon

*

aqui um túnel
de onde se entrevê
tarde de primavera
a fachada de vidro do edifício alto
de uma avenida à outra
na calçada do túnel
um pedaço de madeira como parede
um toldo velho como forro
de prédio em prédio
de lixo em lixo
sem repouso
um carrinho de supermercado
— cheio de sucata —
e uma pichação:
nada como um dia após o outro

Lápide

Os soluços longos dos violinos do outono
aqui Rimbaud
aquele otário
te enrabou por uns trocados

De tarde

Ela não é mendiga, é catadora
ela dorme sempre ali,
impossível dormir sempre ali
ela apenas descansa de passagem na calçada
rua paralela à avenida
talvez ela tenha escrito o verso:
"nem na morte espero dormir"
ela não fala português
ela urina no bueiro,
ela mora num abrigo
ela vende a própria sombra
ela cumpre um papel,
é um enigma verbal
na calçada, perto da guia
forro cinza aberto no chão
manta de lã como travesseiro
colcha com estampas de flores como cobertor
rosto de fora
um saco de lixo: latas de alumínio
um fio de sol reaviva a zona morta de sombra
onde está deitada debaixo da árvore
o outono acabou
corolas meio murchas, estames longos

pétalas entre o rosa e o roxo
os pés, descalços, traídos pelo cobertor
o vento carrega as folhas
pétalas adornam seu rosto

Janeiro

Garrafa de plástico entre os dentes
um cachorro recolhe o que pode de lixo
espalhado sobre as águas do rio
na avenida bueiros entupidos

degradam ratos
fios de aço esfolam o canto
talvez de um pássaro
uma velha embrulhada num farrapo

ainda bem que o mico-leão está extinto
estopa e gasolina
um morador de rua morre
carbonizado dentro de uma guarita vazia

notícias do dia, jihadistas fuzilam a íbis-eremita,
Trapézio amazônico, rota do tráfico
uma onça-preta disputa
um perro morto com os urubus num lixão

moscas sobrevoam orelhas,
facções, *piedras, la caspa del diablo*,
presos chutam cabeças decepadas no pátio,
Um rato dilacerado na pista

sacos de lixo abertos pela chuva:
não é o cúmulo, é apenas o acúmulo,
um trovão detona a nuvem
o que está no poema não está no mundo

Notícia do lixão de Tabatinga

Terra porosa, água escura
moscas chupam os braços dos meninos
homens, mulheres e urubus disputam
cada palmo de lixo

entre as vielas um deles tropeça
na cabeça talvez de um sagui
carcaças de capivaras
tudo fede

um curió ávido bica uma lata vazia
entre as embalagens, uma harpia
pega um lagarto pelo fígado
unhas sobre o motor corroído do barco

sol pesado, um quati definha
barracas, folhas secas do açaí
um ticuna pisa em carniça
quem? abocanha um detrito

saúvas infestam a cúpula de um abajur
um armário de aço sem porta
vitória-régia, branca, abre as folhas
nas águas rasas do córrego

frutos despencam de samaúmas adultas
morrer afinal é lucro
o que se apaga no poema
dá de cara com o mundo

Trailer

Um cara descarta o resto do sanduíche
recostada no pé da lixeira
um pedaço de pão cai na cabeça da mendiga,
um outro cara joga um maço de cigarros vazio
a mulher é negra,
umas garotas, lata de pepsi, casca de sorvete
lojas, o logo do banco, câmeras
um cara atravessa na faixa
ela pede esmola:
"Eu não sou artista"
o executivo olha para o outro lado da avenida
um camelô entra na calçada
o dia porra tem que valer a pena
no quiosque, a manchete:
"O desemprego aumenta"
um obeso mórbido passa,
camiseta branca, encharcada de suor,
a raiz do fícus força as bordas do canteiro
sem nenhum puto entre os dedos
a câmera pifa, ela sai de cena

Perspectiva

Muro baixo do cemitério
um galho da tipuana atravessa o arame farpado,
túmulos à vista, altos
duas cruzes de mármore

do lado oposto da rua
um cara estirado na calçada
debaixo das grades da janela do térreo
o motorista dá a partida

um casal: o marido empurra o carrinho do bebê
pessoas entram no edifício de tijolos à vista
na pequena casa geminada: consertos rápidos,
costureira na máquina

um gavião pousa numa antena
o cara acorda
olha para as grades, mija na parede,
mais uma loja fecha

a de aluguel de fantasias,
roupas para teatro e cinema
um mendigo se apaga nessas linhas
outro reaparece na cena

Hic jacet lepus

Perto de uma sinagoga, enquanto
o faxineiro varre a entrada do prédio,
um catador, velho, de barba rala,
pega uma latrina na caçamba

Outro catador, boné branco,
ulalá grafado em azul acima da aba,
dois dentes podres à vista,
repete em voz alta: "o lixo é sujo"

Na banca, uma tevê: ataques na Síria
bombas na cara dos civis
Outro sucateiro, de mãe talvez zíngara,
saco plástico preto, aberto, percorre a calçada

latas vazias de Pepsi, Coca, cerveja
pede na lanchonete, no self-service, no bistrô
Na saída do shopping militantes coletam assinaturas para
um manifesto em favor das abelhas,

ágora na hora da xepa,
um santinho da Virgem colado no poste
um garoto negro, quase no ponto de ônibus,
um par de baseados no bolso,

é preso em flagrante, por tráfico?
leva porrada na rua, *ora pro nobis*
camburão, algemas
deus devolve o revólver

Hotel do Cícero

Duas bengalas, uma em cada mão,
a barra da calça, desfeita, encobre a sandália
um calcanhar decepado
o negro, manco, atravessa na faixa

quase em frente ao Hotel do Cícero,
construído durante o Estado Novo,
um noia troca o abajur furtado por um doce
todo luxo tem seu preço

cachimbo cheio
do alto de um prédio um cara atira uma pedra
vá na fé, nunca na sorte
boca do lixo é só por Jesus

aqui não há redenção
um parasita toma conta da esquina
um carro sem motor encostado na guia
pombas esmiúçam latas

grana transformada em cinzas
o Cícero: um art déco adúltero
varandas com frisos azuis
volutas neoclássicas: flores

agora são apenas dentes
no último andar, a palmeira no vaso
alcança uma antena
janela aberta, roupas secando para sempre

portas lacradas
a polícia expulsou os noias de lá
sob a marquise, um garoto conta moedas
uma cadeira sem braços faz parte da cena

um cartaz afixado numa de suas paredes
ao atravessar a rua
a mulher, ainda atordoada, desvenda:
is-to-po-de-ser-um-po-e-ma

A nova utopia (3)

A nova utopia, se for preciso, mostra os dentes a esmo. Adota táticas de ação de baixo custo. Cria músculos *ad hoc* para qualquer ato, a qualquer tempo. É — no bom sentido — histérica. A nova utopia reprova os pensadores em causa própria do Brasil. Um sem-teto, para ela, é sempre uma sucursal imposta por Wall Street. É contra o jogo de palavras meio nazista *dolce stil criollo* e *tropical opacity*. Para a nova utopia, tempo é militância e as ervas medicinais brotam das pedras. A nova utopia rejeita versos superfaturados. *Art*, para ela, é o diminutivo de Arthur, em inglês sórdido. Para ela, diversidade é igualdade e vice-versa. Para a nova utopia, arara-preta é araraúna e ave preta é araúna. No fundo, duvida que museus sejam úteis. Quem não está com ela é — com razão — um chupa pija del Duce. A nova utopia condena, por um lado, a ex-roqueira que se tornou jihadista, mas se assume como o *let's rock the future*. Dança sob um dah-dum-dah-da. Dedilha, sem guitarra, algumas notas. A nova utopia condena a sedução escatológica mirífica de anjos. Condena, também, um lance de Sodoma & Gomorra high-tech. No máximo, tolera que seja feito só intramuros. Admite uma aliança com a indiburguesia. Concorda com o provérbio: "A mosCA COme quem se faz de mel". Protesta de pronto on-line, quando lê a notícia de um cooler, boiando no mar, cheio de cabeças humanas, achado no Cabo San Lucas. Não se arrepende de nenhum post. Não é heroísmo prêt-à-porter. É uma épica do proscrito. É massa de acosso organizada contra o poder. Para ela, todo dia é um dia histórico. É, em termos absolutos, contra o Machiavelli Parking. É, de modo fervoroso, a favor da ocupação legítima da Terra de Marlboro. Defende o exílio-instagram, quando inevitável. Se vê, por outro lado, como um Terceiro Comando Puro. Aceita, em parte, por várias razões, o bandido geek que faz selfie antes e depois do assalto. Releva o rato que só conhece um buraco. Para ela, o mundo é já apenas sombra de si mesmo, sem ponto-final. Um epíteto, uma despedida. A nova utopia opta por um túmulo sob o sol. Não mastiga vidas passadas. Protesta, ao vivo, contra a máfia dos papa-defuntos. Não dá voltas em torno de uma única ideia. Não cava sua própria tumba. A nova utopia é, ao FIM, a liberação do homem, do homem agora simples, finalmente verdadeiro, o homem déjà-vu.

A nova utopia (4)

A nova utopia é contra o resumo pop de notícias do dia. É contra qualquer decapitação em frente às câmeras de tevê: capuz, navalha, cabeça caída. Para a nova utopia, Nêmesis significa apenas indignação justa. Para ela, a vida enfiou a todos em um signo demoníaco. Ela sugere que o velho utopista desça as escadas de costas para fingir que as sobe. É contra a professora que amarra os alunos em sacos de lixo. Não utiliza mais folhas de papel. Prefere as guerrilhas cibernéticas. Acha que autocrítica é um exercício tático de cinismo. É contra o *body shop*. No entanto, não quer ser valente, mas apenas livre. Para o novo utopista, a nova política é uma ciência exata, de algoritmos, à diferença do terrorismo. É contra igrejas evangélicas feitas na China. Talvez seja a favor da violência genérica que se pratica contra os fascistas. O novo utopista não é um operário, é um trabalhador móvel, terceirizado. De pé. Não se vê como um *working class hero*: seu espectro é maior. Se enfurece com a notícia: "Um cão foi alvo de bala perdida". É a favor de uma neofobia. Quer a queima das gravuras e desenhos de Jean-Baptiste Debret, a retratar negros, desdentados, a serviço de senhores, já então uns nazistas. Não acha que há e que nunca houve qualquer *Viagem pitoresca e histórica ao Brasil*. É a favor de qualquer tipo de justiça, desde que na íntegra. Bomba hashtags e desfecha ataques contra inimigos: o inferno é a música dos outros. Acha repugnante o cheiro das rosas. Acha que políticos cheiram ratos e cocaína.

É a favor do *Addio pizzo*, na Sicília. Acha que a estupidez é numérica. Se enfurece contra autoridades pelo cadáver de um menino branco varado em um mandacaru. Não admite que se designe o tamboril como orelha-de-negro. Árvore não é apenas árvore. Embora não veja qualquer sentido em estética, a nova utopia, se considera a nova vanguarda da linguagem e da vida. Entende a nova cultura como motor da liberdade. Não é o mesmo cachorro com um novo latido. O covarde se impõe ao mártir. Luta para que o Quimbundo do Libolo seja declarado Patrimônio da Humanidade. Acredita que a estupidez humana é uma S.A., com exceções. Acredita cem por cento que, quando a névoa ideológica se dissipa, aparece a ruína. Propõe uma língua nova ao revés, uma cara nova de "A" a "Z", nada a ver com fake news. Só a morte guarda segredos: o novo utopista se faz de morto para esfaquear o coveiro. *Dio è donna!* Deus é mulher! A militante arranca a estatueta de Gesù bambinello do berço do presépio da Piazza San Pietro em Roma. *Urbi et orbi.* A nova utopia felicita a véspera de Natal com uma árvore em chamas. O novo utopista acredita apenas em um Jesus Cristo alienígena. Absolve Papai Noel quando ele rouba um guepardo, de revólver em punho, dos Reis Magos para socorrer as predadas renas nas entregas de presente. Apoia as letras que cultuam o PCC: "um pê, dois cês"; apoia os bailes funks nas favelas: o trenzinho do sexo, o tapa, a cerveja e umas doses de Absolut, mas é contra a roleta-russa e os tiros na nuca. Acha que a ficção é decorativa, fútil. Mas acha que o mundo pode se tornar de repente um túmulo. Tem coragem suficiente para fazer, de bate-pronto, a autópsia do futuro.

Da janela do quarto

Manhã, janela do quarto do hotel:
o carroceiro puxa a carroça
uma van da Transcootour passa
pés descalços no asfalto

gaivotas e urubus
se encaram por lixo, peixes e céu
banhistas em sua rotina mecânica de
sol, areia e ginástica

duas putas insones roçam
os peitos nos vidros
de um Honda Civic.
A garota de Ipanema

de Vinicius e Tom Jobim
mora hoje em Arrelia, Andaraí
é mais que um poema
paga o dízimo, da igreja e da milícia,

ônibus lotado, caindo aos pedaços,
de moto, um PM arranca o celular
hoje pelo menos faltou presunto
a caminho do mar,

e sua irmã gêmea, a coisa mais linda,
mora com o gigolô da boca
em Drummond, Cachambi
Papelotes de cristal e cocaína no sutiã

à noite, frequenta o Leblon
Troca de tiros na web e na tevê
Complexo da Maré,
Bossa nova nightmare

Álibi

Oh, Pai, tende piedade
dos zilionários, dos vendedores legais de armas
dos lobistas, do dinheiro farto dos narcos
dos unhas de fome, dos gigolôs dos cassinos
dos traficantes de iguanas, rim e fígado

Oh, Pai, tende piedade
dos banqueiros, dos juros sobre juros,
do laissez-faire chinês, do marketing do bem
dos plutocratas, dos fundos-abutres
garras, o condor-dos-andes não canta

Oh, Pai, tende piedade
dos meões do dinheiro sujo dos contratos públicos
daqueles que depreciam os papéis de P.P. Pasolini
daqueles que lavam dinheiro com H. Matisse
misericórdia divina, delícia e êxtase dos santos

Oh, Pai, tende piedade
dos xeques, dos grandes proprietários de terra
daqueles que não entregam a lebre
dos traficantes de marfim, caveiras com dentes e pedras
da criptomoeda, dos chefetes políticos despóticos

Oh, Pai, tende piedade
dos traficantes de lixo eletrônico, dos agiotas
dos matadores de aluguel, dos guarda-costas
dos sócios ocultos, dos donos de offshores
Oh, Pai, sobretudo tende piedade de nosso honrado *boss*.

Make it old

Da estação de trem à ponta da orla, em poucos minutos. A estátua de bronze de Colombo em uma praça. Colombo mira a América. Uma gaivota devora um peixe. Africanos na calçada passam bolsas. Os sinos de uma igreja. Neblina na montanha. Nuvens ainda carregadas da tempestade de ontem. O temor do siroco. Galhos e garrafas de plástico na areia áspera da praia, em seu ponto mais côncavo. Uma garota de topless sobre o cascalho. Sol de verão. A *signora* me diz: "casa *pink*" e aponta com o dedo. O vento toca na palmeira, um canteiro de miosótis vermelho. Casas ao alto: creme e ocre. A baía é uma pequena concha. Talvez eu tenha topado com Bertrand de Born e seu alaúde antes de chegar ao Palazzo Baratti, no lungomare. Ou com outra palmeira. Talvez tivesse sido melhor fazer ioga aqui: montanhas ajardinadas, casas de cores várias. Ondas de rádio, uma voz irrompe: "Uma gangue de judeus: Lehman Brothers, em Nova York, Rothschild, e sua dinastia bancária na Europa, os dois puseram de joelhos a população endividada e fizeram a guerra. Hiperusura: milhões de jovens sem emprego, milhões de analfabetos adultos, milhões de feridos ou mortos em acidentes de trabalho, milhares de crimes violentos por ano, milhares de camelôs: óbvio The *Uhnited States ov America*". O cara dizia essas coisas ao som da ópera "Mefistófeles", de Arrigo Boito. Uma guerra já é demais, duas guerras então: "O secretário do tesouro Henry Morgenthau, o avaro, e seu realismo abjeto, usurpa o dinheiro dos americanos para, depois de subornar o Embaixador, emprestá-lo a um país insolvente como o Brasil". Trombetas. Um Fiat Torpedo conversível passa: talvez Mussolini acene para a bela Olga Rudge. Olga, a violinista, amante do caubói bruto. O caubói vocifera: "O ataque esperado a Pearl Harbor, no inverno de 1941: subterfúgio de Franklin Delano Roosevelt para aderir a Churchill e investir contra o Eixo". Já em Xangai um recruta de Tóquio expunha cabeças de chinesas nas ruas. Mãe decapitada segurando bebê morto não era uma peça lírica, essa porra de ideogramas de Li Po. Enquanto saía fumaça das chaminés dos crematórios, você encontrava ainda Ticiano nas esquinas, sempre ensimesmado com o *Duce*: "Qualquer ato válido que se pratique, se pratica em HOMA-GE a Mussolini e Hitler. Todo impulso no sentido do preço justo, do controle do mercado, é um ato de HOMENAGEM a eles. Não pretendo convencê-lo a ser um 'convertido'. Hitler é ou não é horrível?". De espingarda em punho num estúdio: "O inimigo é o capital. O débito com acúmulo de juros. Abutres. Sórdidos. Soltam fogos!". O jet set se encheu da cidade na década de 1920, logo meio decaída. Para cá vieram os artistas. O caubói almoçava com Dante no Gran Caffè. Queria saber sobre um incerto poeta-magistrato siciliano, Pietro della Vigna, lançado por ele na selva dos suicidas, no sétimo círculo do Inferno, que se matou em virtude do castigo — cegueira a ferro quente — imposto por suspeita de trair o Imperador Federico II. Vigna: árvore-cadáver à boca das harpias vizinhas. Dante tenta absolvê-lo da *accusatio* de traição. A meretriz da corte *"infiammò contra me li animi tutti"*. Mas vaticina: o suicídio lhe subtrai a inocência aos olhos do mundo. Cadelas negras famintas farejam ossos novos. Raquetes, uma rede. À tarde, com Homero, o cego, na quadra de tênis. Cânticos na orla prometiam mortes. Os textos lidos na Rádio Roma estouravam os tímpanos dos espias dos Aliados: "O império da usura nunca teve fé nem fronteiras. O arcebispo submisso e o rabino de Londres trabalham para reerguer um credo em defesa dos agiotas torpes". O *legislatore*, íntimo das crateras agrícolas da lua, com pose de sábio: "O mero ímpeto do rabino, sem domicílio fixo, dissipa os valores culturais hierárquicos rígidos — *instabilità*". O franco-atirador *dixit*: "O sistema econômico americano induz o rebanho de cordeiros a comprar o que não pode pagar. Consequência: o homem comum deixa de ter sua própria casa. Um novo crédito, mas sem juros: a Itália faz isso. A Alemanha faz isso. A Rússia comunista não faz isso". A coroa de colinas, firme, entre os canais, subiu à sua cabeça em desacordo com os estilhaços nômades de seus *Cantos*. No centro histórico, a Confraternita "Mortis et Orationis", árvores, tensão. Um *eme*, em MDF, pintado de branco, acima da porta verde: os confrades providenciam, há séculos, enterro digno para indigentes e mendigos; você poderia ter sido um deles no fim da guerra. Marcas de balas de metralhadoras no frontispício. Os nazis ocuparam a cidade. O som do sino de outra igreja rebate nas paredes. Bombas ecoam no mar, talvez tanques. Antes de chegar ao Palazzo Baratti, vejo partidários da CasaPound, bandeiras com tartarugas: o casco como símbolo de casa. Os adeptos uivam na rua o refrão de uma faixa de uma banda neofascistapunk: "Chacinadocinto": fiveladas na cabeça, chicotadas nas costas, o pino da fivela no olho do cu. Gritam: "A Itália aos italianos de sangue", "Com usura homem nenhum há de ter casa de boa pedra". É um *rock around the clock*. Um quebra-quebra com regras. Em seguida, deixam uma coroa de louros na casa de Olga Rudge, no topo de Sant'Ambrogio, onde ele foi preso pelos *partigiani*. *La guerra è brutta*. Ao despertar, rente à boca do esgoto da cela, se levanta, exangue, abraça um reflexo, mastiga frases. Talvez mastigue fezes. Uma águia sobrevoa a fileira de jaulas do presídio. A CasaPound, um partido neofascista, a merda fascista, agora à revelia do *Chief Executive Officer*, o CEO crédulo, do oeste selvagem de Idaho e dos subúrbios de Filadélfia. O trato direto da coisa: apenas o útil, apenas o trigo. Uma voz, alta, pergunta na orla: "Há crimes que ninguém perdoa?". Chego ao Palazzo Baratti. Um edifício art nouveau azul, janelas amarelo-opaco, duas em rosa-pálido. Palazzo junto ao hotel Vesuvio. Um tapete seca numa das varandas. Palazzo Baratti, onde ele morava, no ático, com a esposa Dorothy Shakespear. Entre a janela mais baixa e o arco do beco, uma placa de mármore com um trecho de um de seus poemas. Em outras palavras: "Mas afirmar o fio de ouro no padrão (dos mosaicos de Assunta, Torcello, Veneza)/ al Vico dell'Oro (nesta vila do golfo do Tigullio)./ Confessar o erro sem perder o caráter:/ Caridade eu cultivei às vezes,/ Incapaz de fazê-la fluir do./ Um pouco de luz, como luz de candeia/ para voltar ao esplendor". Um garoto amarra o tênis da Nike. Na saída de trás da passagem para a via Marsala uma loja: Intimissimi. Tridente. Netuno, cavalos, o cavalo trota no asfalto. Barcos a passeio, barcos de pesca à vista. A beleza não existe. O vento leva as folhas secas da viela. As duas guerras: captou, como nenhum outro, o colapso da *traditio* e da arte. *A Rapallo puoi trovarlo.*

A nova utopia (5)

Oh dia, oh céus, oh azar. O novo utopista, com todas as letras, verbera contra o estado do mal-estar social, contra os ataques aéreos em enterros, as lágrimas do sarcasmo, contra o mundo do freela, do uber, da escola sem alunos, da mãe que obriga o filho a comer ração como castigo. O novo utopista cospe na cara daqueles que calçam o mocassim Gucci da humildade, das atrizes que posam de vitrines vivas nos shoppings da moda, daqueles que usam botox à prova de balas. O novo utopista detona aqueles que estupram inclusive bebês, aqueles que degolam vizinhos, aqueles que afiam o prego no pé do mendigo. Oh dia, oh céus, oh azar. O novo utopista deplora os nomofóbicos, os higienistas, as maiorias silenciosas, os bíceps bombados, os coaches de conteúdo, os xenófobos. Abençoa os office boys junkies, os lombras, a Princesa Isabel da maconha, aqueles que baixam de uma nuvem narcótica e berram: "fascista, assassino" — direitos humanos não são pipoca, pô. O policial alega ter confundido o guarda-chuva fechado com um fuzil, ao explicar os disparos contra o garoto negro na rua. Olha só! Nada como um tiro após o outro. Oh dia, oh céus, oh azar. O novo utopista, se for preciso, pisa nas baratas de sacristia. Enfia a espada no rabo de Mateus. Despreza o casal gay que idolatra Goebbels. Pega, a seu modo, os canalhas que picharam, tinta spray vermelha, maltrapilhos dormindo, fedor de urina, num banco de madeira. Adora fazer anjinhos nazistas, ainda que de cartolina. A nova utopia é uma conspiração contra si mesma, uma rave da democracia. Um edifício em chamas, habitado pelos sem-teto, colapsa, ferro em brasa. Um cara se atira do topo e se despedaça. Socorro! Apoio! Um tipo, da janela de um ônibus, urra: "Invasor, bandido. Já vai tarde". Nada vai dar certo! Oh dia, oh céus, oh azar. O novo utopista, por via das dúvidas, grita: "Abaixo a ditadura". Viver de morte, morrer de vida. Aos ricos os "delitos", aos pobres os "direitos". Um gari tropeça num mendigo dormindo na calçada. A palavra, o verbo, para a nova utopia, não é trufa branca, não é caviar. Seus inimigos, pessimistas, dizem que ela, infelizmente, quer salvar o mundo depressa demais. Oh dia, oh céus, oh azar.

A nova utopia (6)

A poesia está morta. Mais do que morta. A nova utopia não quer saber da lei das estrelas e da fórmula da flor. Quer se confrontar, até o osso, com os haters que atacam afrodescendentes, refugiados, ciganos, imigrantes, migrantes, LGBTQIA+, pobres, lascados, feministas, fodidos, junkies, incompreendidos. Aplica castigos pedagógicos. Pratica o krav magá. Não luta pelo poder: é apenas edificante. É o overbooking do avião que deixa até sombras de fascistas no inferno. Trezoitão carregado, para ela, é arma de brinquedo. Admira os bandidos do bem. É contra a mijada química do deus Mercúrio, que mata rios com zinco, envenena mares com plástico, despeja sódio nos córregos, incendeia museus. O cigarro do gigolô queima o clitóris da escrava do sexo. O cara mata a mulher com uma chave de fenda. Garotos homofóbicos ateiam fogo no mendigo gay. A garota grava seu próprio estupro. O novo utopista corta os pulsos para atestar que, em suas veias, não jorra Coca-Cola. Tira de letra gás lacrimogêneo e granadas de qualquer tipo. Agita em cloacas, bueiros, bocas de lobo. É a favor de Jane e contra Tarzan. É inteiramente contra o acarajé neopentecostal. Vomita na cara dos niilistas nutella. A nova utopia entende que o país se diz, de modo absoluto, por meio de coisas ridículas, mas também infere que o país se diz, em termos absolutos, por meio de coisas ridículas. Informa: emissões globais de gás carbônico crescem e batem novo recorde. A nova utopia veio — com orgulho — a pé do passado. A nova utopia tem, entre seus membros, um ticuna, um birmanês e um cipriota. Não recruta voyeurs. Destrói estátuas de Colombo em 12 de outubro. Comemora a data como o Dia dos Povos Indígenas. Nega o verso "A cadela do fascismo está sempre no cio", de Bertolt Brecht. O novo utopista obriga Brecht a cheirar a própria merda em sua perna e a pedir perdão à cadela. A nova utopia é a desforra do corvo que bica o olho do cadáver do fã de Poe. Apoia os neomarxistas chineses contra as regras férreas do partido único neocapitalista. O progresso repõe o atraso. Nunca adere a planos de demissão voluntária. Para a nova utopia, o caixão está sempre com o passageiro errado. Para ela, os aliados derrotaram Hitler só em filmes de Hollywood. É a favor do antinatalismo, a mulher livre de filhos. O novo utopista, quando oportuno, mata a patadas. É contra debater o futuro da lírica. É contra o velho golpe do poema. O ocaso no topo de um edifício onde raios de sol ainda brilham num logotipo. Flor agora inofensiva e efêmera da lua. Poesia? Infesta páginas, telas, mídias, meus pêsames. Da própria pele não há quem fuja. Defunto não enjeita cova. Alguns não podem dizer amanhã ou depois. "Fui pedir às almas santas, eu andava perambulando, sem ter nada pra comer, fui pedir às almas santas, pra vir me socorrer" (bis). Ela faz a sua aposta. Saudações e adeus. A poesia está morta, abantesma que sobressalta, assombra, às vezes.

A nova utopia (7)

To dream has been the business of my life. A nova utopia mata por adição e, entre outras coisas, por agonismo opioide. Faz seu inimigo sentir náuseas, sonolência, vertigem, vômitos, dor de cabeça, pressão baixa e choque. Faz seu inimigo falar com voz de lixa: ela não brinca em serviço. A nova utopia não é um despropósito. O novo utopista não é um dândi da sombra. É o drone suicida roubado da Kalashnikov: carrega explosivos e abre caminhos na selva, na favela, nas cidades. Tudo pela causa. Também ecológica, é a favor de cocaína batizada com pó de nenúfar. É a favor, unicamente, de obras como as de Shakespeare a cada manhã. A nova utopia — mirando um futuro melhor — faz tráfico limpo. O raio de sol só aparece à noite, para desanuviar. Pense, pense, você está na Terra: não há remédio. Fique tranquila, numa boa. Tantos miligramas de Depakote, tantos de Topiramato, a bula do Aristab — a rotina diária sem tréguas de pílulas por uma década. Comece por Zyprexa. Um robô morre em Marte. Um cara atira, entre prateleiras, contra a própria cabeça dentro da farmácia. Nada, absolutamente nada, mais um saco de merda sem qualquer mérito. Má notícia não existe. Dinheiro não fede. A chuva, a chuva, a tempestade, uma enxurrada de lixo sobe dos bueiros às ruas. Sob a marquise, um bispo se esgoela num megafone: "botar um baseado nos lábios é como fazer sexo oral para o diabo". Só pode ser o trecho de um filme, ouça o refrão da música: "eles disseram que o inferno ferve". O novo utopista é um sicário indie. É chefe e servo de si mesmo. É uma fera. Atira de bate-pronto nos sequestradores de cérebros e nos revendedores de memória, que operam o mercado negro. Mata de verdade. É a favor do copyright. É contra o *copyleft*. O novo utopista aplica doses pesadas de morfina nos algoritmos. Para ele, o algoritmo atropela o trabalho. Outra cena? Crack é a vitória. Um mendigo puxa uma pedra na lata amassada de Coca-Cola. O novo utopista batalha pela liberdade entre muros. Pede a bênção à deusa guarani Jururá-Açú para assassinar o diabo do velho utopista. À semelhança dela, entra e sai do inferno como quem troca de camisa. Não faz papel de morto coadjuvante. O ódio move mais do que qualquer programa político. Só pode ser mesmo um filme. Olhe o décor. Trabalha também com fungos alucinógenos e LSD, para fazer mais grana para a luta. É um ponto de partida. Por que dizer isto aqui? Cai o letreiro: tantos miligramas de Quetiapina, o antipsicótico atípico, as bulas, o Latuda: para que desespero? Johnson & Johnson, Pfizer, Merck & Co, Bayer, Novartis, EMS Corp, Roche holding, Libra. Um grito talvez em off se ouça no cenário. Uma garota se joga do topo do edifício. Sonhar, sonhar, sonhar, é o grande negócio da vida!

Haiku

Pedra no cachimbo
Estação da Luz: porrada
Verão, sol lilás

Pedra, narguilé
Doce como mel: porrada
Verão, o sol âmbar

É o Incrível Hulk
Um avião nos pés: porrada
Janeiro, sol púrpura

Uns tragos na lata
De asas já nos pés: porrada
Março, sol turquesa

Cachimbo, cristal
Braços alados, porrada
Março, um raio fúcsia

Lata sem anel
O anu bica o olho do noia
Isqueiro na dobra

Pedra no cachimbo
Arco-íris nos pés, porrada
Dezembro, sol sépia

Canudo, Yakult
Mãos lixam o céu, porrada
Março, sol magenta

Cachimbo na roda
Garras de tigre, porrada
Janeiro, sol jade

Em nome de Buda,
Nada obstante uma brisa
Verão, sol sem cor

Cavalo, porrada
O tubo de PVC
Outono, sol ágata

A nova utopia (8)

O novo utopista é um baluarte na batalha contra tiranias. Ele refuta o dito de Freud de que o homem seria melhor se não quisesse ser tão bom. Economia poderosa, sociedade injusta. A paciência do novo utopista não se esgota nunca: uma vez que a vida hoje é implacavelmente horrível, para quase todos, ele se julga seguro em sua luta. É contra todos os neonazifascismos. E não se ouse dizer que fala "platitudes". O novo utopista atua no atacado e no varejo. Denuncia crimes da milícia: agora o de um negro, assassinado com uma barra de ferro. Não se cansa de ouvir nas ruas e nas favelas: "rezei para que as balas acabassem". Lê os websites. Faz ato pela memória da aluna Nusrat Jahan Rafi, submersa num tanque de querosene, e, depois, incendiada por denunciar um professor por assédio sexual em sua madraça, numa cidade de Bangladesh. O novo utopista esteve, contudo, em Burma para protestar ao vivo contra o genocídio dos rohingyas. Faz ato de apoio à demarcação das terras dos indígenas albinos da aldeia Kaxinawá, na Amazônia. Não dá esmola para mendigo moral. Defende, com unhas e dentes, a energia eólica e o fim da era dos fósseis. Prefere as roupas *eco-friendly*. A harpia não caça moscas. É mais do que um simples militante. A foto ou a imagem do novo utopista só pode ser feita de cima para baixo, dos pés à cabeça, como a de qualquer líder político. Sente, às vezes, atração sexual por anões. Usa às ocultas um cartão de crédito da fé, mas de outra fé. Acha, de vez em quando, que a lógica do consumo é excitante. Faz, de fato, ajustes entre o passado e o futuro possível, como aquele cachorro faminto que corre pela estrada atrás do caminhão de ovelhas prontas para o abate. A luta é longa e áspera. O novo utopista sabe que não é só de ética que vive o mundo. Às vezes acha que talvez seja um cínico, talvez seja apenas sinistro. O novo utopista sabe que o foco passou do produto para a causa: a causa é um produto. Ele precisa ser eficaz. Pensando bem, o novo utopista pode fazer um serviço mais sujo, mas à noite, não de tarde ou de manhã. O novo utopista pode ser, de vez em quando, embora não queira, perverso e abjeto como um miliciano ou como outro gângster qualquer. O que seria do samba sem a gargalheira e o tronco? O que seria do blues e do jazz sem a Ku Klux Klan? O que seria do esplendor punk de Londres e Manhattan sem Guantánamo? Nada é estanque. Há muitos obstáculos. Por que não? Entre Deus e o Diabo, ele se entrega, às vezes, aos deleites de Satã.

Versos públicos

A mão que afaga é a mesma que apedreja
Apedreja essa mão vil que te afaga
A mão que afaga é a mesma que aferroa
Aferrolha essa mão vil que te afaga

A mão que afaga é a mesma que arrebata
Despedaça essa mão vil que te afaga
A mão que afaga é a mesma que esfaqueia
Se alguém te vê ainda como mártir

A mão que afaga é a mesma que te avilta
Põe fogo nessa mão vil que acalenta
Sob a sombra do cadáver de Darwin

Acaba logo com essa cantilena
A mão que afaga é a mesma que executa
Assassina o vulto vil que te acena

A nova utopia (9)

A nova utopia despreza a repetição do brado plácido de um povo desde sempre débil às margens retumbantes, com hienas futuristas 4.0, de um rio morto. O novo utopista é o guia de um safári às avessas. O novo utopista investe em carniça da própria espécie. Enfia as unhas e os dentes nas gargantas sobretudo dos agiotas. O novo utopista é um urubu que pousou na sorte dos hematófagos, que se vestem tipo estilo roupa casual de negócios. É contra o Google Maps que avalia o risco dos mendigos nas ruas: mendiga pequena, encurvada, posição uterina, rente à parede do edifício, sem perigo. Mendigo inerte, hirto, rente à parede, calçada noventa e cinco por cento livre no trecho, sem qualquer perigo. Mendigo de pé, com uma talha portátil de aço na mão, desnecessidade de alerta, provável disfarce para mais um trago no inferno. Uma família de mendigos negros, entre dois vasos grandes de fícus, na porta de uma loja de um supermercado. Câmeras ligadas. Os clientes exercitam um pouco de piedade, atirando moedas. Vigilância *in loco* dispensada. Após um bueiro explodir na rua ao lado, um deus de luxe se aboleta, se aloja, se acomoda, entre caixas de papelão: por ora, sem maiores riscos para o trânsito de pessoas e automóveis. Um mendigo, calado: dúvida, não se verifica tática de marketing de emboscada; mas, se não houver uma boa porcentagem, ele não deixará a porta da farmácia. (Coro: "no meio do peixe grande", solista: "lambari quer beliscar"). A polícia chega: a duas palavras, três porradas. A doleira, presa, lança no Instagram uma foto com tornozeleira eletrônica e sapatos Chanel. O novo utopista faz autópsias independentes de regimes políticos. Embora pareça, o novo utopista não é um Peter Pan leviano, sombrio. Ele aprende a cuspir praticando no espelho. Ele se recusa a ser um proletário digital a serviço dos chefes do Vale do Silício: hackeia os dados úteis para a guerra. Cada um vigia a todos e vice-versa. Não é um pária pop, um punk conservador. Ri dos emergentes ao se lembrar da canção de Lennon: "você pensa que é supersagaz, sem classe e livre". Para o novo utopista, o mendigo nas ruas é o rato de laboratório para implantação sibilina e efetiva do Estado mínimo liberal. O mendigo põe a cara para fora de uma casa improvisada debaixo de um viaduto público. Arquitetura parasita. Mas, segundo o relatório, tudo sob controle. Para o novo utopista, os descolados, os radicais chiques adoram turismo xamânico, sexo fitness e um abraço alegórico nos reflexos da lua. Um traficante de Jesus mata um pai de santo: "Tava durumindo o revólver me chamou, tava durumindo o revólver me chamou". Mais Maison de la Truffe ou até um McDonald's e menos drama. O negociante vende até a sombra para quem está fora dela, com frases bônus de autoajuda. A fome já não põe a lebre a caminho. Não caia nessa: é um mendicard. Mãe gentil, mãe gentil. O lábaro é ainda mais estrelado. Experimente a colônia Eternity da Calvin Klein. Assista ao filme *Drácula*, baseado no livro de Bram Stoker. Mais *goblins* (com a pronúncia americana correta: gäblins), mais duendes e menos anhangás, gorjalas, mulas sem cabeça. Desviva sem morrer. Startups. Apps. Bolsas de valores. Franchising. Seja contra, mas sem muita ênfase. Todos têm miséria de todos. Miséria têm todos. É que o diabo não é mais suficiente.

A nova utopia (10)

O novo utopista não considera a arte um passatempo de final de semana. Ele se repete porque é inevitável, forçoso. Calçada, menino dorme, rente ao corpo da mãe, à sombra das grades do edifício, ela pede qualquer coisa, ajuda, um dinheiro, grande fluxo de pessoas: "Cuidado! Ela pode ser chamariz para outro assalto". Para o novo utopista, o futuro não é uma projeção vintage do passado. Para ele, a guerra supremacista não está apenas nos rifles e fuzis de gringos. À sombra de um pé de fruta-do-sabiá, alto no vaso, a negra dorme indiferente ao sol que bate em seu rosto, cabeça sobre a mochila, como se estivesse, apenas deste modo, feliz, em alforria. Num dos galhos, um sanhaço degusta os frutos minúsculos. Garganta ocre, o trinca-ferro bica também o arbusto. Frutos firmes nos troncos, em cachos. O novo utopista não é um filoburguês. Não faz selfies históricos do pôr do sol. Combate o projeto "Google acampamentos" para os sem-teto e os desempregados: dormir em bancos públicos e ou em tendas também de plástico, num sítio circunscrito. O noia, só pode ser um noia, prensa com o pé o pescoço de um cachorro contra o poste. Socos na cara, cai no chão: chute no cara desferido pelo dono do vira-lata. Poças de sangue. A polícia chega. Nada de algemas: melhor que se matem nas ruas. Outro mendigo, pavor enrugado no rosto, sente sempre que faz algo ilícito. Mendigos proliferam como cupins, de marquise em marquise, de praça em praça, de farol em farol. Queimaduras de "gasolina" no corpo: "pega logo fogo". Sem qualquer decoro, o cara se masturba na praça pública. *Levade a merda para outra parte*, como se diz na Galiza. Especialistas em efígies e estátuas jacentes ou estátuas de joelhos — mãos levantadas em forma de conchas ou unidas em forma de súplica — um deles se automutilou de propósito. Ele não é mendigo, é um vadio. Ele não é um vadio, faz parte de uma quadrilha. Esse velhaco é um empreendedor dos semáforos. Mendiga, exposta às inclemências meteorológicas, usa bebês sedados para pedir esmola: "uma boa medida seria criar carrocinhas para recém-nascidos e crianças em situações de perigo". Um mendigo, na esquina, sem camisa: as costas cheias de furúnculos e de pus. O novo utopista não é um consumidor reclamando de um produto com defeito e ou de um político como se ele fosse um produto com defeito. Não promove luta de boxe entre cegos. Para ele, o establishment só permite diferenças vendáveis, lucrativas. Agiotas, mafiosos. Sabe que, por enquanto, ninguém reage, não há revide. Sabe que a arte é hoje um jogo da velha ou um contrafeito barato de vaso ming. Sabe que o presente também é vintage.

A nova utopia (11)

Não é fadiga, é morte em vida. Subjugado pelas rédeas, o cavalo bate o casco na pedra. O novo utopista é, por isso mesmo, contra os *cost killers* das empresas, a economia da partilha, tipo Airbnb, que torna rentável a casa e o próprio vaso sanitário. Basta de escravos de ganho ou de aluguel. É contra o mercado da compaixão, mas afirma que há um holocausto por dia em cada prato com ou sem comida. O novo utopista quebra a senha exclusiva dos *shopping lovers* para fazer caixa para a guerrilha. Aceita, em outro plano, o almoço *veggie* congolês e até o *veggie burger*, carne é assassinato. É contra os playgrounds punks e o lúcifer de seda. O novo utopista crava crucifixos na garganta de sacerdotes pedófilos. Vagabunda, infecta, puta: o carrasco enfia a cara da detenta num formigueiro. Não! É uma tela da série pinturas negras de Goya, Goya, nada mais do que Goya. Chega de arte! Ecologia sem luta de classes é, para o novo utopista, paisagismo. É a favor, por uns tempos, do compliance ambiental. Pisa nos dedos do alpinista que está pendurado no pico da montanha: sapatilhas de escalada, cordas, cadeirinhas, freios, mosquetões: morte! O novo utopista toma o céu de assalto. É contra as musas submissas, dos vernissages, dos festivais de cinema, dos desfiles de moda, dos palcos. A nova utopia é contra escândalos verbais. Não basta, para o novo utopista, apenas ser contra os navios tumbeiros de Nador, Oran, Algiers, Trípoli, Alexandria, a Costa Vermelha da Eritreia rumo à Europa.

Não compreende o significado de "Barbie do Tráfico". A nova utopia é a única boia no oceano. O novo utopista faz água por seus próprios méritos. A nova utopia é um reajuste de pesadelos. Uma jovem corça, órfã, se esconde dentro do alvo de caça, imaginando se tratar de sua mãe. Não! É mais uma tela da série pinturas negras. Cheiro de suor, excremento e morte. Legenda: "*Yo soy pastor de ovejas sin trabajo en la ciudad y en el campo*". Sabotagem dos novos vizinhos gringos: as ovelhas comeram grama com pesticida. Legenda: "*Me han dejado en la ruina*". Um abutre bica páginas de um livro. Um menino esfaqueia o pai. Belos títulos! A nova utopia é uma invenção sem amanhã. Palmas, palmas ritmadas, não de aplauso. O som de uma guitarra. O novo utopista toma, algumas vezes, nuvem por Juno, num palo atropelado de um *payo*. Quem é esse cara que canta das entranhas nesse mundo raso? Só pode ser Camarón, Camarón de la Isla: "*A la muerte yo llamo/ y no quiere venir/ que hasta la muerte tiene compañera/ lástima de mí*".

Teodora

Muralha e dentro dela a igreja.
No templo: o túmulo do general
ao lado da escultura barroca de Cristo.
A poucos metros do altar,

o general fuzilava os inimigos:
balas nas pedras milenares
Veados, mulheres fedidas de operários,
democratas, vermelhos, adeptos do amor livre.

"Putas sujas, estupradas",
"A cada padre morto, matança em dobro"
"Sejam — pelo menos agora — homens",
dizia antes de disparar. Meninos degolados.

O toureiro, como se diz, saca um lenço
de seu traje de luzes
e limpa as lágrimas do touro,
antes de enfiar a espada em seu pescoço.

Um cara, deformado, antes
das grades de acesso ao átrio da igreja,
escreve num cartazete:
"Sou de Cuba, não tenho casa,

me perdoe o incômodo".
Mulher na aba de um papelão:
"Estou doente, tenho fome",
a tinta ainda ruiva dos cabelos

é o que lhe resta de orgulho.
Xale cigano: "Só tenho um dos rins".
Um cartaz, colado num poste:
   "Teodora, fuzilada, tocava harpa".

A porta da basílica se abre.
Tanto ouro, tanta prata.
Não se sabe, até agora, o nome
do "sem-teto" morto, semana passada,

dentro da muralha, calça e camisa
secam nos buracos das paredes
ao lado de barrotes de haxixe, cheiro de fezes
um cara dorme, cabeça sobre

garrafas vazias de conhaque, cacos
as cinco lágrimas da Virgem
— não é arte —
oh, abençoada e poderosa Madre.

Sem melismas*

Estoy viviendo en el mundo
Con la esperanza perdía
No és menester que me entierren
Porque estoy enterrá em vía

I live in this world
Devoid of hope
There's no need
To bury me
I'm already buried alive

Vivo neste mundo
Com a esperança perdida
Não é preciso que me enterrem
Já estou enterrada viva

* A partir de uma Soleá de Aniya la Gitana (1855-1933).
Montagem de Régis Bonvicino.
Translated into English by Dan Hanrahan
e para o português por Régis Bonvicino.

A nova utopia (12)

A nova utopia é um símbolo de distinção.
O novo utopista aprende árabe
com um refugiado palestino,
francês com um haitiano,
quéchua em vez de castelhano.
É obrigado a fazer logística de prestígio on-line.
Não é um sofá velho da Era do Patriot Act,
um tolo de um dia de sol em Guantánamo.
É um connaisseur de todos os lixos.
Já ouviu algo a respeito do slogan:
"O petróleo é nosso!"
O novo utopista é obrigado a ser um etimólogo,
defende a origem lendária da palavra cadáver,
C*Arne* D*Ata* V*ERmem*,
embora saiba que cadáver, do latim *cadaver*,
deriva do verbo *cadere*:
"cair, cair no combate, morrer".
É contra uma guerra sem combatentes
é a favor da greve dos coveiros,
do adeus impossível e da incineração de corpos.
O novo utopista é um obscuro terrorista do moribundo.
Os sinos da igreja tocam o morto largado na rua.
O novo utopista é também um xamã Yanomami:
inala yakoana — o rapé alucinógeno,
para mais um rito fúnebre.

O petróleo se alastra pelos mangues:
camarões, caranguejos, ostras e peixes, todos mortos!
Dinheiro não tem princípio.
Toda meta é alcançável: *just do it.*
A verdade é a verdade, seja dita por Agamenon
ou por um ladro.
O novo utopista é uma espécie em perigo de extinção.
Narra, para as crianças, a lenda do duende do beco.
É um gnomo, no oco de um tronco, mas não um espectro.
É a favor de patíbulos:
agora ao menos um morto por justiça,
a chuva rebate em seus dentes postiços,
genocida, usurário:
até a Virgem Maria o abortaria.
Encara o ofício de não poder morrer, quando tudo morre.
O novo utopista expropria cadáveres de luxe
para lhe desferir tiros.
O cara enfia fezes de cachorro na boca da mulher.
Um narco, de barato, fuzila três de suas belas garotas,
Um filhote de jiboia carbonizado
pelo incêndio da floresta,
jacaré sujo de resíduos de carvão.
Mancha de petróleo no mar.
Terapia do choque econômico.
O bebê resgatado de um bueiro
é também apenas uma notícia.
Mais um óbito: cadáver intacto na calçada,
não é da guerra, não é da blitz,
cruzes, túmulos, vala comum, é a vida.
O novo utopista trava

um duelo suicida com a história.
Uma estrela cai.
Um coro de anjos, à base de anfetaminas, canta:
"A mulher do mineiro
se pode chamar de viúva.
Ele passa o dia inteiro
cavando a própria sepultura".
O novo utopista é contra o tributo da urina
em mictórios públicos.
O novo utopista é contra a importação
de capitais infectados.
O novo utopista é um editor de igualdade,
é contra o protesto pop:
glamour freak de boutique *haute-bourgeois*.
Negros, indígenas, *white trash*, lixo branco até virar gás.
A nova utopia, às vezes, entra em stand-by.

Álvaro de Campos

Acendes um cigarro para adiar a viagem
mas não tens oásis,
só tens destino e realidade.
Não és mais o menino que sucedeste por erro.
Estás, de verdade, em algum portão de embarque
Verdadeiro ou produto de tua arte.
Não adianta ergueres em ti todos os Césares
para atrasares os relógios do cosmos ou a viagem
Ou repetires: "Adia-te, adia-te".
Grandes, como dizes, são os desertos
e tudo é mesmo parábola ou deserto.
Todavia, um ínfimo vírus,
como não querias ou imaginavas,
acelera súbito os motores do universo.

Desenlace

Nada mais death metal
do que a voz de um corvo.
Solte o videoclipe: um avião despeja
barbies, roupas também infectadas,

máscaras, milho, feijão, aipim
na área de uma aldeia indígena
motosserra a gasolina — incêndios
névoa de nuvens de fumaça

onça-parda com asma sob a única samaúma
mais gado no pasto
um pé de soja brota no dorso de um rato
o urubu pousa na anca sem pele de um cavalo.

*

Um mendigo, alto, estático
esquina, porta do supermercado
meia dúzia de moedas apenas
esfrega de raiva a testa no poste

— um engravatado grita:
"*follow the money*, otário" —
o mendigo tropeça no degrau.
Ônibus a diesel, lixo na calçada

o cobrador se apodera dos centavos
ao dar o troco
uma negra velha desce no ponto
diz em voz baixa: "sem-vergonha, ladro".

A garota no carro ouve a canção
som abafado do trompete, piano, voz
— luzes no cabelo, brincos de argola —
cadafalso, um fruto estranho

pende do álamo
fedor, o corvo ataca o pescoço
dança de leve com os ombros
acelera quando abre o sinal

Confissão

É um boneco de mola
soltando gargalhadas sinistras
É o espectro do poema "Uma carniça"
É um remix
fricção fictícia entre agulha e vinil
DJ de uníssonos
seguidores, dois fãs, amigos
é o "cara"
de uma rede ecológica de
sucata lírica

A nova utopia (13)

O novo utopista caça dinossauros
fala ao ouvido de dragões
desliga as luzes
cavalga no lombo de um rato
faz selfies em ataúdes
o novo utopista
sofre de mania
treina o inglês
to attack (aták), atacar
to bomb (bóm), bombardear
to defeat (difíit), derrotar
trama o sequestro de satélites,
a captura e a revenda
do ferro-velho em órbita
to invade (invéid), invadir
to shoot (shúut), disparar
to kill (kíl), matar
projeta topos de edifícios
O mendigo
tira a máscara do rosto
enfia a cara na caçamba
cai fora logo
O novo utopista ouve ao longe
o canto agudo de um maçarico
dedilha as cordas de aço de um bouzouki grego,

como se estivesse preso
estuda a Guerra do Peloponeso
na parede do quarto, o pôster
de sua musa Robia LaMorte
não se arrepende de ter cobrado taxas
de malabaristas de sinal e moradores de rua,
de saquear túmulos com relíquias budistas
para negociar em Nova York
pratica a autolegalidade
se lembra das palavras de uma lápide:
"o melhor ainda está por vir"
a nova utopia, graças a Deus,
chega aos trending topics

Epitáfio

De novo se conecta
noite, agora na sala
diante de uma tela
Talvez ouça o eco de uma canção da banda

Privatized Futures
Dia após dia
da sala para o quarto
e vice-versa sem atalhos

Enterros, covas coletivas,
outra hipótese, se for top,
epitáfio, uma lápide
à la carte, pó de estrelas nos olhos

Decolagem

Fedor
Urubus bicam dedos
bicam unhas, braços
pra fora da cova
ambulância
os caras descarregam
outro corpo
esse morreu afogado em seco,
no leito do hospital
a escavadeira lança
terra vermelha
na vala comum
uma sucessão de cruzes
feitas às pressas
verdes, brancas, azuis,
pontiagudas
um deles decola súbito
cabeça erguida, implume,
entre pás e enxadas
ramalhetes de flores
rastro de pus no azul

A nova utopia (14)

A nova utopia
não é um cordeirinho de redil à espera da degola
a nova utopia
não é um meme
O novo utopista
é também um motoqueiro
delivery hero, mendigo premium,
free-lancer fixo de uma causa
o novo utopista faz, quase sempre,
lobby por carniça
ignora o aviso
sapateiro, não vá além do sapato
atado a garrafas PET de plástico
atravessa qualquer mar
a nova utopia aspira ao ideal
é contra a escola-shopping
Súbito, um rato sobe pelo braço do cara
um cachorro late
asas surdas do vento
a nova utopia
não é uma salada de cuscuz marroquino com lentilha
sem classe
a nova utopia é um *dislike*
a nova utopia é uma vítima colateral do mundo

um sem-teto esfaqueia o vizinho
a nova utopia
não é uma sequela de utopia
é a pedra, mais leve, de Sísifo

Ida e volta

É o cante no pátio de um *corral de vecinos*,
palmas surdas em círculo
cozinha e banheiro coletivos,
prédio de dois andares,
dezenas de pequenos quartos no mesmo cortiço
flores e fedor de urina,
camelôs, carroceiros
a fome entregava o cara ao inimigo
é o duende: a pele escura
a pele escura "igual à do demo"
é o batuque de um negro, voz rouca,
numa caixa de fósforos,
numa lata vazia de graxa,
numa caixa de engraxate
não é o cante do pássaro sobre o fio de cobre,
distância mínima entre as patas,
sem risco de choque
é o cante do pássaro que rói o próprio poleiro
fotos velhas de famílias de ferreiros
é o cante, quase extinto,
da forja de metais rebeldes,
de queimar os dedos
não é voz a esmo
é de revés
pode ser o clichê da voz de dentro

é a argola na garganta, é o garrote
muitas vezes TripAdvisor,
fast food, fashion week para gringos
porros de haxixe *dry sift*
alba à noite, saeta, cenário
é o toque punk de uma coleção intitulada "Rave"
o toque vanguardista de outra chamada
"Metamorfose"
é o cante da
mãe andando pela rua com o filho nos braços
é também um dueto com o silêncio
fila pra pegar lascas de ossos
é a vida sem o alívio de um instrumento.

Aposta

Cabelos grisalhos
— manhã fria, céu cinza —
sob a marquise
dormindo num dos extremos da soleira
da porta de aço do supermercado
cabeça sobre um caixote
— um prego solto, lascas —
cobertor de doação
Sonha talvez com biscoitos
um iogurte líquido
um maço de cigarros
talvez desperte com uns trocados
ou até com uma nota de dez
um pão de queijo
um cacho de uvas
— o toque seco
dos saltos dos sapatos na calçada —
o céu se abre
o sol bate no ipê
gôndolas
dentro da loja
o vigia apaga a luz
notas e moedas no caixa
quem afinal paga pra ver?

Índice dos poemas

Arte 9
Luz 13
Tríptico da rua Oriente 15
Cartão-postal 17
Lenda 19
A nova utopia (1) 21
Ficção 23
Retrato 25
Notícia da Síria 27
Suicídio 29
Quase na esquina 31
Trânsito 33
Mendigos 35
Rua obscura 37
Uma fonte 39
Tela 41
Tradução 43
Mare Nostrum 45
Sermão 47
Outro tempo espanhol 49
Frontispício 51
Áudio 53
Verão 55
Museu da língua 57
Tarde 59

A nova utopia (2) 61

A call to kill 63

De passagem 65

Lo pan dur fa l'ostal segur 67

A luz ofusca o verbo 69

Imagens 71

Sonoridades 73

À deux pas, tout est là 75

Lápide 77

De tarde 79

Janeiro 81

Notícia do lixão de Tabatinga 83

Trailer 85

Perspectiva 87

Hic jacet lepus 89

Hotel do Cícero 91

A nova utopia (3) 93

A nova utopia (4) 95

Da janela do quarto 97

Álibi 99

Make it old 101

A nova utopia (5) 105

A nova utopia (6) 107

A nova utopia (7) 109

Haiku 111

A nova utopia (8) 113

Versos públicos 115

A nova utopia (9) 117

A nova utopia (10) 119

A nova utopia (11) 121

Teodora   123
Sem melismas   125
A nova utopia (12)   127
Álvaro de Campos   131
Desenlace   133
Confissão   135
A nova utopia (13)   137
Epitáfio   139
Decolagem   141
A nova utopia (14)   143
Ida e volta   145
Aposta   147

Regis Bonvicino nasceu em São Paulo, em 25 de fevereiro de 1955. Poeta reconhecido internacionalmente, participou de diversos eventos literários e tem versões de seus poemas traduzidas em inglês, espanhol e chinês, entre outras línguas. Seu primeiro livro de poemas, *Bicho papel* (1975), foi uma autopublicação, seguida por outra, em 1978, *Régis Hotel*. Na década de 1980, lançou *Do Grapefruit* (1981), um livro com suas traduções de Yoko Ono e trabalhos de arte de Regina Silveira e Julio Plaza. Em seguida vieram *Sósia da cópia* (1983) e *Más companhias* (1987). Durante a Assembleia Constituinte, de 1987 a 1988, foi conselheiro parlamentar em Brasília. Em 1990, Bonvicino tornou-se magistrado por concurso. Ao fechar a produção da década, o livro *33 poemas* (1990) recebeu o prêmio Jabuti de 1991.

Nas décadas seguintes traduziu Jules Laforgue, Oliverio Girondo, Robert Creeley, Michael Palmer e Charles Bernstein, entre vários outros. A reunião das cartas que recebeu de Leminski, *Uma carta uma brasa através: cartas a Régis Bonvicino, 1976-1981*, saiu em 1992 e depois recebeu outro título, *Envie meu dicionário*, em 1999. O livro subsequente foi *Outros poemas* (1993), e, em parceria com Guto Lacaz, publicou *Num zoológico de letras* (1994), livro infantil dedicado aos filhos. *Ossos de borboletas* saiu em 1996 e *Céu-eclipse* em 1999.

O primeiro livro em inglês, por uma importante editora dos EUA, *Sky-Eclipse: Selected Poems*, saiu no ano 2000, traduzido por Robert Creeley, Michael Palmer e outros, no mesmo ano de início da *Sibila: Revista de Poesia e Crítica Literária*, periódico que ele codirige com Charles Bernstein. Entre os anos de 2001 e 2006, *Sibila* publicou seus números impressos, tornando-se uma revista eletrônica e website depois de 2007.

Os dois livros seguintes, *Remorsos do Cosmos* (*de ter vindo ao sol*), de 2003, e *Página órfã*, de 2007, são coleções em que imagens e linguagem da mídia pós-moderna e a consciência das ameaças da globalização colidem com as descrições da crua realidade da vida urbana. Uma seleção de sua poesia em espanhol, *Poemas 1990-2004*, saiu no México em 2006, e outro livro em espanhol, *Hamster Highway*, foi lançado na publicação artesanal Yiyi Jambo, em 2009, na cidade de Assunção, Paraguai.

Em 2010 veio a coletânea *Até agora: poemas reunidos* (Imprensa Oficial, 2010). Para Aurora Bernardini, a publicação dos poemas reunidos de Bonvicino confirmou-o como "o mais proeminente dos poetas brasileiros de sua geração" (*Folha de S.Paulo*, 25/12/2010). Em 2011, *Lan ci zhuan*, um volume com poemas traduzidos por Bei Dao e Yao Feng, entre outros, foi publicado em Hong Kong, confirmando o interesse pela obra do autor em outras nações. Outra seleção, traduzida para o inglês, foi publicada em 2017 pela Green Integer: *Beyond the Wall: New Selected Poems*. Os poemas de *Estado crítico* (2013) são inspirados pela distopia de São Paulo, de Paris, de Barcelona, de Macau e de Hong Kong: uma reflexão crítica sobre a vida no século XXI.

Deus devolve o revólver (2020), um projeto de streaming de poesia com trabalhos sonoros de Rodrigo Dário para as leituras do autor, da soprano Caroline De Comi e de Charles Bernstein, reuniu também em libreto dezesseis dos poemas que fazem parte de *A nova utopia*. Ricardo Alberto Pérez, crítico cubano, já adiantou que nesses poemas Régis Bonvicino "representa uma combinação pouco comum que funde um tipo de obsessão pela linguagem com a vocação de estar nas ruas. Desde esse 'desandar' alcançou o que chamo de 'uma consciência mista', onde linguagem e realidade se compensam".

OBRAS PUBLICADAS

Bicho papel. São Paulo: Edições Greve, 1975.
Régis Hotel. São Paulo: Edições Groove, 1978.
Totem: para Décio Pignatari. São Paulo: Edições Groove, 1979.
Sósia da cópia. São Paulo: Max Limonad, 1983.
Desbragada. São Paulo: Max Limonad, 1984.
Más companhias. São Paulo: Olavobrás, 1987.
33 poemas. São Paulo: Iluminuras, 1990.
Outros poemas. São Paulo: Iluminuras, 1993.
Num zoológico de letras. São Paulo: Maltese, 1994.
Primeiro tempo. São Paulo: Perspectiva, 1995.
Ossos de borboleta. São Paulo: Editora 34, 1996.
Céu-eclipse. São Paulo: Editora 34, 1999.
Envie meu dicionário: cartas e alguma crítica. Com Paulo Leminski. São Paulo: Editora 34, 1999.
Sky-eclipse: Selected Poems. Tradução de Michael Palmer e col. København; Los Angeles: Green Integer, 2000.
Cadenciando-um-ning, um samba, para o outro: poemas, traduções, diálogos. Com Michael Palmer. Cotia: Ateliê, 2001.

Lindero nuevo vedado: antologia poética. Vila Nova Famalicão, Portugal: Quasi Edições, 2002.

Remorso do cosmos: de ter vindo ao sol. Cotia: Ateliê, 2003.

Poemas, 1990-2004. Tradução de Rodolfo Mata e Odile Cisneros. México: Alforja Arte y Literatura; Conaculta; Fonca, 2006.

Página órfã. São Paulo: Martins Fontes, 2007.

Hamster Highway. Tradução de Idalia Morejón. Assunção, Paraguai: Yiyi Jambo, 2009.

Até agora: poemas reunidos. São Paulo: Imprensa Oficial, 2010.

Estado crítico. São Paulo: Hedra, 2013.

A música muito além do instrumento. São Paulo: e-galáxia, 2016.

Beyond the Wall: New Selected Poems. Tradução de Charles Bernstein, Odile Cisneros, e Thérèse Bachand. København; Los Angeles: Green Integer, 2017.

Deus devolve o revólver. São Paulo: Daikoku, 2020.

A nova utopia. São Paulo: Quatro Cantos, 2022.

CHAPBOOKS

Together 1996: (um poema, vozes), de Régis Bonvicino e outros. São Caetano do Sul; São Paulo: Ateliê, 1997.

Me transformo ou O Filho de Sêmele. Curitiba: Tigre do Espelho, 1999.

Hilo de piedra. Tradução de Odile Cisneros. Sevilha: Sibila, 2002.

Entre. Colombes: Collectif Génération, France, 2009.

composição: Verba Editorial
impressão e acabamento: Colorsystem
papel da capa: Supremo 250 g / m²
papel do miolo: Avena 80 g / m²
tipologia: Walbaum e Amplitude
setembro de 2022